Freddy Derwahl

die engel von brüssel

Freddy Derwahl

die engel von brüssel

Gedichte

udo degener verlag

„Ich denke oft an diese Wochen zurück; sie waren das Leben, sie werden nicht wiederkommen, alles andere war Bruch.“

Gottfried Benn, 1922, über seine Zeit in Brüssel

seitdem du schweigst

morgengebet

wie ein kind in deine arme sinken
herbei geeilt vom ende der welt
wir stürzen tief nur du hältst
uns fest wenn wir ertrinken

noch einmal dein gewand berühren
flüchtig im vorübergang
allein dein tastender schatten kann
uns spät sehr spät nach hause führen

dein letzter blick das letzte zeichen
als man dich fing und dich verriet
draußen der freund am feuer flieht
vielleicht könnte es reichen

in lebenslangen wüstenzeiten
unter blassen wintersternen
das nackte leben zu erlernen
dich ein stück noch zu begleiten

erwachen dann im morgenlicht
wenn in oasen brunnen springen
harfen zimbeln lieder klingen
und der geliebte leise spricht

vielleicht kommt noch jemand

vielleicht kommt noch jemand
vielleicht spät nach mitternacht
ein fremder ein blick eine hand
ein wort ohne stimme ganz sacht

seit jahrzehnten schon geht er
im dunkel um das stille haus
als wisse nur er wie schwer
die wolken und das sturmgebraus

der tränen abgrundtiefe quelle
und der freude weites land
der frühe früheste helle
ein böser traum der verschwand

vielleicht bleibt er für immer
geht mit wo die felsen sind
am strand ein silberner schimmer
wenn die flut naht im stürmischen wind

für mona

du hast meine wogen geglättet
wenn du schweigst ist jemand der spricht
du hast mich gerufen gerettet
und alles verinnerlicht

so sind unsere herbstlichen tage
von spätem sommer erfüllt
weder träne noch trauer noch klage
für immer von nähe umhüllt

komm sieh unsere kleinsten kinder
ihre augen so groß und so weit
es führt uns der kühne erfinder
in die tiefe der herrlichkeit

sehnsucht allein zu fallen

du möchtest nichts wissen erfahren
wie nach einer blutigen tat
der wind spielt in deinen haaren
die liebe der letzte verrat
dem frühling ist nicht zu trauen
verächtlich tropft noch der schnee
es geht vor dem morgengrauen
ein fremder über dem see

sehnsucht allein zu fallen
hinter der wälder wand
aus deinen roten krallen
in eine barmherzige hand
keine elegischen schreiben
kein fazit kein sterbenswort
ich stürze konnte nicht bleiben
wollte weit weg musste fort

inmitten der großen leere
dauert die rückkehr so lang
als hielte noch immer das schwere
mich fest in rausch und gesang
unter galaktischen sonnen
holt mich niemand mehr ein
nichts anderes als entkommen
endlich ich selber sein

draußen braust das meer

nichts mehr
ich werde dich nicht schonen
jetzt kommt die verheißene zeit
der schmerzlichen reduktionen
die polare dunkelheit

alles
wird dich bald verlassen
der sommer die spiele sind aus
kein blatt keine blüte zu fassen
die wüste ein offenes haus

schon immer
schwebte ein schatten
waren zeichen von höllenfahrt
das fliehende glück das wir hatten
war zu zerbrechlich zu zart

kein blick
geht zurück auf die strände
keine flut kommt am abend und heilt
die zerrissene haut deiner hände
nur noch salz das der wind verteilt

der himmel
ist schwarz wie die nächte
ich trink alle flaschen sind leer
schon morgen sind neue gefechte
noch immer braust draußen das meer

im tiefen garten

ich wünsche dass du dich freust
das unmögliche zu wagen
mit mir die stille zu befragen
hand in hand und dich nicht scheust
nur da zu sein zu wissen zu warten
ich warte auch kann dich nicht sehen
dein schatten geht im tiefen garten
es reicht im dunkel mit zu gehen

an eine unbekannte

uns trennt nur der strom an rheinischen wiesen
wenn in den glühenden abenddämmerungen
der letzte fischer noch ein altes lied gesungen
wo sagen der schönen und heiligen fließen

die geschliffenen steine wandern
mein ufer ist weit und längst menschenleer
das deine macht unsere herzen schwer
so nah und so fern von einem zum anderen

möchte dir liebesgeschichten erzählen
als der einsame könig die königin bat
wenn in gewaltigen nächten der winter naht
und sich am himmel die sterne vermählen

vielleicht komm ich noch heute über dem eis
schritt für schritt durch die zitternde stille
dort wo ein licht glänzt das große die fülle
dann öffnest du mir die türe ganz leis

du nimmst mich nicht mit

du nimmst mich nicht mit
auf deine weite reise
zu fern der ort zu hoch die preise
nur nein und schwert und schnitt

wollte in deiner kühnen nähe sein
im atem deiner nachtgebete
im garten wo magdalena flehte
unberührt doch nicht allein

werde meine trauer durch die wüste tragen
wohin weiß nur der späte schmerz
das herz will immer himmelwärts
und dir im schweigen alles sagen

werde dir immer liebesbriefe schreiben
und sie verbrennen wenn der tag anbricht
uns bleibt das kreuz im dunklen licht
wir müssen noch etwas leiden

im feuer

manchmal kommst du an nachmittagen
wenn lange der regen fällt
die schönheit stellt keine fragen
es gibt dinge die kann man nicht sagen
wir sind allein auf der welt

und kehren zurück in die tiefen
in die schichten der geologie
als die meere und berge uns riefen
wenn wir am feuer noch schliefen
es sei morgen und zeit der magie

diese meisterin unserer küsse
ihre kühnheit im mächtigen strom
ihre sehnsucht im delta der flüsse
schon jenseits des sogs der genüsse
im grenzland am rubikon

kein zurück mehr aus diesen zonen
die sonne hat den schmerz eingebrannt
selbst darin können wir wohnen
etwas wachen warten uns schonen
bis die nacht kommt mit zärtlicher hand

nichts mehr

nichts mehr
mein herz wird dich nicht holen
jetzt kommt die scheiternde zeit
der schmerzlichen reduktionen
die polare dunkelheit

alles
wird dich bald verlassen
der sommer die spiele sind aus
kein blatt keine blüte zu fassen
die wüste ein offenes haus

schon immer
schwebte ein schatten
waren zeichen von höllenfahrt
das fliehende glück das wir hatten
war zu zerbrechlich zu zart

kein blick
geht zurück auf die strände
keine flut kommt am abend und heilt
die zerrissene haut deiner hände
nur noch salz das der wind mit uns teilt

der himmel
so schwarz wie die nächte
du trinkst alle flaschen sind leer
morgen schon neue gefechte
es ist spät doch du willst nicht mehr

im alter

jetzt bist du 73
schaust lange staunend zu
und gehst so ganz gemächlich
schon auf die 80 zu

das zählen wird stets schneller
zehn finger reichen aus
für flaschen aus dem keller
kaum saus nur etwas braus

die wünsche klingen forte
dein wunsch bleibt stets nur dein
dafür gibts keine worte
man möchte alleine sein

wenn ich es recht bedenke
ist stille größtes glück
es braucht keiner geschenke
man kehrt nach haus zurück

märzsonne

im hang blühen schon die narzissen
über nacht kam die bessere zeit
sie flüstert ihr heimliches wissen
zu licht und zu leben bereit

bald nahen die südlichen tage
es drängt im garten nicht mehr
der schatten zitternde frage
weshalb ist der abend so schwer

neue spiele neue gesänge
das weinlaub klettert im hof
es räkelt sich fern aller fänge
unser kater der philosoph

mit dem winter zog sich die trauer
in die tieferen wälder zurück
etwas sonne auf der alten mauer
reicht für ein stilles glück

seitdem du schweigst

seitdem du schweigst
sind meine nächte länger
ich gehe darin ein und aus
die stille prüft die stunden strenger
vielleicht sind schritte noch im treppenhaus

seitdem du schweigst
sind viele dinge klarer
meine briefe an gott und die welt
sind intensiver wunderbarer
doch niemand sie in händen hält

seitdem du schweigst
leuchtet die stadt wie feuer
zieht tief in ihre höhlen mich hinein
wo tödlich schöne ungeheuer
locken mit küssen und mit wein

seitdem du schweigst
erscheinen all die bilder
unserer tage wie ein ferner traum
die klagen kommen kühn und wilder
dann lauf ich weg und hör es kaum

vézelay die sünderin

du bist die schöne aus geschichten
die man leis erzählt
madeleine die in tiefen
seelenschichten
auserwählt

ich seh dich gehn durch kathedralen
wenn das dunkel naht
in den hohen fenstern bricht
der letzten strahlen
kühne saat

komm du begehrte große frau
im vorübergang
wild zitterte dein schatten
als in dunkler schau
dein gebet begann

dein schweigen schenkt verstehen
was verborgen ist
vielleicht lässt du mich sehen
wenn in der nacht
ein stern dich küsst

zum geburtstag

mit dir allein wo strände sind
ost und west und süd und nord
nur noch die weite und der wind
allein dein kuss dein liebeswort

heimwärts

kennst du den weg hinaus zur flucht
ins winterland und wilde blühen
wo leichter rausch und sanfte zucht
weit über die meere ziehen

nenn uns den unentdeckten ort
der stille birgt alles gesagte
die zeile für ein einziges wort
das stets ersehnte hinterfragte

wo tage sind wie tausend jahre
die lust der winde stürzt ins ziel
und morgenlicht uns offenbaret
die ewigkeit ein liebesspiel

sind auch die jahre vergangen

für hans engels

sind auch die jahre vergangen
es bleibt noch ein bisschen zeit
gelassenheit zu erlangen
von allen schimären befreit

die besseren tage des lebens
liegen meist etwas zurück
das schöne kam selten vergebens
wir hatten verdammt viel glück

ach all die zeitlosen nächte
ihr flüstern die euphorie
man liebte man schwärmte und zechte
nichts was man sich nicht verzieh

was sind denn schon sechs jahrzehnte
die ewigkeit dauert so lang
und wer sich kühn nach ihr sehnte
dem wird unterwegs auch nicht bang

meister tod ist ein alter rabauke
er kommt und hat nicht viel zeit
er nimmt uns die luft und die pauke
drum zeig ihm den finger und bleib

aschermittwoch

joel 2, 13

wie es mich trifft
das verflucht vorausgesagte
sündenfalle angeklagte
david spiel das tränenlied
stille
als es von uns schied

wie es mich trifft
mit schwerer hand
mit dem rücken an die wand
leise leise david spiel
asche die
zu boden fiel

wie es mich trifft
wie ich sie trage
auf der stirne schwarze klage
david geht und weint
nur der fastennächte
todesbleiche sichel scheint

wie es mich noch immer trifft
und das herz in fetzen reißt
im dunkel einer alles weiß
wäscht das blut das weh
schwerelos
im letzten schnee

die letzte nacht der alten welt

was wäre wenn die feuerzungen erkalten
nur noch etwas rauch aus den uralten
gluten in der ersten morgenfrische
sich müde hebt über die opfertische

was wäre wenn kein blut mehr fließt
nur vom polarkreis sich das eis ergießt
über die wunden die zerbrochenen becher
des gekreuzigten und der schächer

was wäre wenn keine frauen keine tränen
kein zittern mehr und kein schämen
in der mitte der letzten nacht der welt
uns niemand nimmt und wärmt und hält

was wäre wenn am grab ein harter stein
die schergen die wachen schlafen ein
für einen verhängnisvollen traum
nur ein verräter hängt am baum

was wäre wenn die letzte kerze glimmt
die seuche uns heute den atem nimmt
doch ist licht am ostermorgen
und der erlöser nicht mehr verborgen

freund brel

dein schweiß fließt glühend wie kerzen
als suchtest du das spiel der schmerzen
wenn die liebe nicht gelingt
niemand ihr heimlich blumen bringt

marieke im leichten sommerkleid
keiner der noch gedichte schreibt
dein blick der sich in tränen hüllt
alles nur träume unerfüllt

wenn deine stimme das letzte singt
die nacht durchzittert weiter klingt
zwischen brügge und gent im flachen land
bist du ein freund nimmst meine hand

komm jeff lass uns weiter trinken
in die tieferen schichten sinken
fritten und muscheln an den grachten
wo neue mädchen auf uns warten

in versuchung

bachkantate

sag
wo warst du letztes jahr
ich hätte dich
in den wald entführt
unter den roten liebesbaum

zur mitternacht wäre ich
in deinen traum gekommen
du hättest dich über
meinen schmerz gebeugt

ihn rein geküsst
nichts als du
andante lento
o herr zu dir

für die stones

abgestürzt von den himmelsleitern
lehrt euer stern der glühend fällt
die geschichte vom dramatischen scheitern
vom brüchigen haus der alten welt

zu ende gehen die wilden feste
die tänze am rand erschöpfter nacht
es bleiben nur die schmerzenden reste
von rauschenden frauen angefacht

die songs der stones ihr magisches zittern
schlug wenn sie zum umsturz schrien
wie blitz und donner von schweren gewittern
und flammen die nicht weiter ziehn

verlaine rimbaud die verfluchten dichter
flüstern noch immer ihr codewort
und zum entsetzen der müden richter
brennt bereits ein neuer ort

versuchung des heiligen antonius

zu dem gemälde von salvador dali

reiß mir die kleider vom leibe
zerreiß auch das fliehende herz
führ weit mich hinaus und vertreibe
im feuer den steinernen schmerz

drück mir die glühende kohle
dein aschenes kreuz auf den mund
grab mir ein grab und dann hole
dir die reste vom staubigen grund

verbrenn mich mit tausend sonnen
verbann mich am mystischen ort
wo die tödlichen fänge gesponnen
du nahst und gehst wieder fort

der feind steht stündlich im garten
und greift nach meinem gesicht
wie lange muss ich noch warten
bis du leuchtest im morgenlicht

marthe robin

sie leidet noch immer
an erlittener liebe
als ob sie noch bliebe
gefesselt im Zimmer

ihre gruft im bette
das warten der freien
kein winseln kein schreien
an dorniger kette

manchmal sind wunden
an heiligen tagen
so lange ertragen
und wieder verschwunden

das geschichtete sterben
in gewaltigen nächten
vom beten geschwächten
verlieren verderben

im gefängnis der zelle
das heil kommt am morgen
gerettet geborgen
in ewiger helle

stille

stille
zeitlose fülle
in wäldern warten
auf nachtgeschichten
im späten garten
irre traumgestalten
dich zu vernichten
gefangen zu halten.

stille
geheilte wunden
letztes berühren
im café de profundis
winterwärts ziehen flüsse
tragen leere boote
durch abschiedsstunden
und abendrote

stille
nur noch augen
für letzte dinge
hinter dem wissen
eile flüchte und springe
aus diesen zonen
wo mit tödlichen krallen
dämonen wohnen.

stille
der verweigerte schall
kosmischer ferne
geologischer tiefen
das zittern der sterne
der engel lachen
der kühne einfall
das heilige hörbar zu machen

anbruch der karwoche

höchste zeit wirt dass du rüstest
steig in den keller den tiefen
hör auf die konspirativen
worte die sie riefen
ach wenn du nur wüsstest

eile verdammt ruf die knechte
treib deine mägde wie immer
oben im hohen zimmer
flackert der kerzenschimmer
schon naht die nacht der nächte

her die brote nicht die sauren
schleife am stein deine messer
schlitze das lamm roll die fässer
wir sind dreizehn große esser
es wird nicht mehr lange dauern

bring uns die besten weine
die schweren die schwarzen reben
aus kanaan wollen wir heben
es geht um tod oder leben
das deine das meine das seine

am see von tiberias

joh 21, 1-23

der fischer
wird auf dem grunde gehen
poseidon triefend in der frühe
komm und steig und stürz und sprühe
der herr
will dich
auf den wellen sehen

der fischer
wird kopfüber springen
durchtauchen alle sieben meere
durch vollste fülle tiefste leere
und jubelnd
mit den fischen
singen

der fischer
wird den fremden küssen
der am frühen feuer fächelt
und manchmal wie der meister lächelt
weil sie
noch zögern
zweifeln müssen

ob er es sei
auf den sie seit tagen warten
der damals über dem peitschenden see
im wolkengrau und weiß wie schnee
aus den stürmen trat
in den ostergarten

die knisternde glut
ein tisch im Sand
sie brechen brot es kreist der wein
wind kommt auf lässt sie allein
und blauer rauch
zieht über den strand

karfreitag

nichts anderes mehr
als unter diesen balken
die splitter und die spritzer zählen
die spuren küssen festgehalten
am baume wo die schlangen quälen

nichts anderes mehr
als dieses marterholz zu streicheln
in seinem tiefen schatten stehen
wie der schächer ihm zu schmeicheln
zur nacht wird er ihn wiedersehen

nichts anderes mehr
als mit den flüchtenden zu schielen
nach blitz und letzten wundertaten
doch riss der vorhang würfel fielen
beim spiel der römischen soldaten

nichts anderes mehr
als blutige nägel aufzuheben
gekrümmt vom schlag der folterknechte
die toten in den gräbern beben
für die frist der höllennächte

nichts anderes mehr
als die tränenfrau zu fragen
welch dunkler weg zum felsengrab
zur nacht hat man ihn hingetragen
bald schon beginnt ein anderer tag

maiennacht

wir haben uns vergeblich gefreut
der späten stunde noch einmal zu trauen
beim vorübergang der magischen frauen
in ihrem zauberschatten nicht gescheut

dem augenblick die strenge frist zu nehmen
uns fest zu halten wenn die züge eilen
und uns gefürchtet in letzten zeilen
dem dunkel noch ein wort zu geben

der sanften hand zu folgen und zu fragen
ob irgendwo noch eine höhle wäre
ein fernes verlies wo alle schwere
von uns fällt wie an herbstlichen tagen

wo knospen beginnen aufzuspringen
und die stille bei anbruch der nacht
über schöne riskante träume wacht
morgen werden sie uns gelingen

ostermorgen

komm und trage mein
zerfetztes herz in eine grotte
leg es bei den kerzenstümpfen
vor dem hängenden gotte
im zitternden schein
über den sümpfen

du hast den tod
auf einem frühlingsfest erfunden
alles ist ihm zuzutrauen
in den letzten abendstunden
streift die sonne scharlachrot
die weinenden frauen

wem schenkst du schon
im sterben noch ein sabbatlächeln
wenn die aufgerissenen münder
nach dem letzten atem hecheln
und alle heiligen und sünder
schreien zum blutigen sohn

auf felsen gebettet
im fremden gräbergarten
zieht in dünnem tuch hinein
nur stille nicht mehr lang zu warten
bis am dritten tag der schwere stein
im staub rollt und uns rettet

victor hugo auf der reise ins rheinland

ein halt an kontrollen bewaffneter posten
wo alte steine zwei könige trennen
führen ohne namen zu nennen
durch weißdorn die wege nach osten

es zieht der rhein die heimliche sucht
als ob loreley in der ferne riefe
ein riese im gebirge schliefe
und heine sich fürchte auf der flucht

vor würgeengeln und sündenfrauen
die spät durch nachtlokale schweben
gierig nach deinem nackten leben
und dir tief in die augen schauen

es ranken blätter du möchtest schreiben
mächtig zieht der strom ins meer
die liebeslieder rauschen schwer
noch ein krug wein und du wirst bleiben

karsamstag

rühre mich doch bitte an
mit deinen weißen leichenhänden
bald ist schon die zweite nacht
wohin wird sie sich wenden
wirst du noch immer umgebracht

rühre mich doch bitte an
mit händen die auf kaltem stein
tasten blind im felsenloch
im hohen zimmer rollte wein
die silberlinge klimpern noch

rühre mich doch bitte an
mit schwarzem blut von deinen händen
tief im garten weißt du genau
im schatten wo die wege enden
wartet schon die tränenfrau

totenoffizium in rochefort

seid getrost und ohne kummer
der tote bruder lacht euch aus
und dreht sich im ersten schlummer
friedlich herum beim leichenschmaus

singt doch bitte nicht so leise
denn cherubin und seraphin
jubeln auf seiner himmelsreise
sehr allegro nur für ihn

blättert schnell im heiligen buche
wählt den sanften hirtenpsalm
sein leben ist befreit vom fluche
dem bösen aus der hand gefallen

suchet nicht mehr seine spuren
er ist schon lange nicht mehr zu sehn
doch unter den ewigen sonnenuhren
könnt ihr mit ihm ins weite gehn

in versuchung

herr
lass es uns lassen
alles zerfällt
die bilder
ziehen heftig
durchs nächtliche zelt
am verbotenen ort
wächst im uralten baum
ganz leise dein wort
wir hören
es kaum

palmsonntag

zieht man so in die schlachten
auf einem esel ins letzte gefecht
jerusalems töchter lachten
ihre zimbeln jubel entfachten
hosanna unter römischem recht

der könig kommt ohne soldaten
zurück in die heilige stadt
der väter und heldentaten
bald wird ihn einer verraten
wenn die nacht keine sterne mehr hat

seht den tempel seine mauern
ihre steine werden bald schreien
werden brechen klagen und trauern
drei tage nur wird es dauern
und der könig wird allen verzeihen

es hebt die palmenzweige
aus der wüste ein sanfter wind
kein zurück kein zuhaus keine bleibe
bald geht der sabbat zur neige
des königs zeit zerinnt

antwerpen vor ende der nacht

am plantinkaai vor ende der nacht
hat ein weißer meeresriese
in einer lauen nordseebrise
für drei tage festgemacht

im entrepôt trinkt der alte van gijten
noch ein schwarzes trappistenbier
er sitzt schon seit vier stunden hier
und träumt von besseren zeiten

die schweigende frau aus ararat
hat ein schwarzes kopftuch an
und fährt müde mit der letzten tram
zurück in die arme türkenstadt

im schönen museum schlafen schon
die meister der malergilde
nur ensor und einige junge wilde
rauchen den rest vom roten mohn

der nathan scholem rosenstock
trägt seine diamanten
zu einem bärtigen bekannten
im beutel unter dem schwarzen rock

jenseits der oude leeuwerij
warten die huren auf beute
wieder war es ein tristes heute
bald geht auch diese nacht vorbei

im bahnhof sind die gleise leer
sie glitzern unter den lampen
an den schweren eisenrampen
ist tag und nacht der abschied schwer

die schelde fließt in die graue see
die ersten möwen lachen
unsere liebe frau wird weiter wachen
ein blick hinauf wenn ich schlafen geh

place du luxembourg

ihre schritte waren so leise
als sei es flucht aus der welt
weit hinaus auf eine reise
die erst vor dem abgrund hält

es stürzten die menschen die züge
hinaus in das dunkelnde land
die lust die last und die lüge
gleiten aus ihrer hand

sie suchten in seitenstraßen
den heimlichen magischen ort
an dem sie die zeit vergaßen
es fiel kein einziges wort

der abschied kam immer schneller
als es ihr blick versprach
nur die sterne leuchteten heller
wie nach einem gelungenen tag

im wirbel der sterne

maria magdalena

wer weiß
ob nebel war im grabesgarten
und jener dort ganz leis
die einsame beim warten
erschrak und zögern ließ
er sei der hüter dieser gräber
was war so hell in dem verlies
weshalb verschwand er wenig später

weshalb darf
sie ihn nicht berühren
trifft ein verbot ein befehl ein bann
ihr herz und tief zu spüren
sein hartes wort im frühen licht
zärtlich meister jetzt zu sagen
es bewegt ihn nicht
einen abschiedskuss zu wagen

so geht sie
wie die verlassenen gehen
der schlag der schmerz die folie
vielleicht hat er sie noch weinen sehen
auf steinigem weg zurück in die stadt
und erzählt dem verschworenen kreis
mit wem sie eben gesprochen hat
und gibt ihm die schönheit preis

erlkönigin

du nahst wie eine kühne diebin
sag wer soll dir noch trauen
küsst mit den lippen fremder frauen
die dir nicht in die augen schauen
und verschwinden wenn die nacht dahin

deine hände sind so weiß so kalt
und deine worte kennen keinen trost
du hältst mich fest und lässt mich los
sag wer du bist was willst du bloß
fast noch ein kind und schon steinalt

du liebst das dunkle das verbot
den rausch und seine seligkeiten
willst an den abgrund mit mir reiten
ich kenne dich seit frühen zeiten
ich bin es selbst der in mir tobt

im wirbel der sterne

den gesetzen der zahlen entkommen
zu anderen spielen berufen
im wirbel der sterne und sonnen
zeitloses finden und suchen

das feuer das wasser umarmen
die frühe die tage die nächte
als ob in der stille erbarmen
sich heimlich ein wort entflechte

von leichten winden getragen
wilde tauben im abendlicht
die bläue der himmel durchfahren
ein lächeln auf deinem gesicht

der abendstern

weshalb kommst du immer im herbst
so spät an stillen nachmittagen
am rand der überlebensfragen
mit denen du die stunde färbst

als sei ihr noch eine frist gelassen
vielleicht deine hand ein letztes wort
das tiefer dringt und nicht zu fassen
am unerreichten heimatort

dornenrot die schweren früchte
die tänze auf dem abschiedsfest
lass dich nicht täuschen eile flüchte
wenn dich die windbraut gleiten lässt

das jahr ist alt du musst jetzt lernen
weit winterwärts allein zu gehen
und niemand naht dich zu wärmen
der abendstern ist schon zu sehen

im feuer

manchmal kommst du an nachmittagen
wenn lange der regen fällt
die schönheit stellt keine fragen
es gibt dinge die kann man nicht sagen
wir sind allein auf der welt

und kehren zurück in die tiefen
in die schichten der geologie
als die meere und berge uns riefen
wenn wir im feuer noch schliefen
es sei morgen und zeit der magie

diese meisterin unserer küsse
ihre kühnheit im mächtigen strom
ihre sehnsucht im delta der flüsse
schon jenseits des sogs der genüsse
im grenzland am rubikon

kein zurück mehr aus diesen zonen
die sonne hat den schmerz eingebrannt
selbst darin können wir wohnen
etwas wachen warten uns schonen
bis die nacht kommt mit zärtlicher hand

versuch über den heiligen joseph

welch ein biblischer name
für solch einen schreiner
was weiß man denn schon
über diesen dort so einer
war da nicht etwa ja ich ahne
die sache mit seinem sohn

welch seltsamer schweiger
im hohn der affären
immerfort schleppt er holz
und will nichts erklären
es tuscheln all die fingerzeiger
ist er blöd oder blind oder stolz

die junge frau an seiner seite
verschwindet in der dunklen kammer
zum kleinen sohn wenn ihr mann nebenan
mit hobel und hammer
über der bretter höhe und breite
sich beugt die nächte lang

todmüde wenn er zurück gekehrt
wiegt er das kind mit schweren armen
hilflos wie es die väter tun
er weint und bittet um erbarmen
sich nicht sträubt und nicht mehr wehrt
hand in hand etwas aus zu ruhen

ballade für leonard cohen

wie ein blatt fielst du mir in die hände
aus dem ich die ganze nacht las
deine stimme dein bild und kein ende
der tau steht schon silbern im gras

die spinnen weben den schleier
die stoffe von blühendem tod
noch ein song eine letzte feier
das weinlaub leuchtet blutrot

jetzt nahen die strengeren stunden
die ballade für leonard cohen
mit scheiternder treue verbunden
die straßen glühend und grell

vielleicht wird der abschied gelingen
unsere fragen die alten sein
deine hände dein zärtliches singen
holen für immer uns heim

patmos

ich kenne eine kleine bucht
auf patmos eine felsennische
brot und harzwein eine frucht
sonntags ein paar tintenfische

alexis heißt der ziegenhirte
gleich springt er nackt ins meer
das grüne dunkel einer myrte
und oleander duften schwer

morgen wollen wir verschwinden
mit johannes dem schutzpatron
er wird see und wolken finden
die große weite wartet schon

überall nur strahlende bläue
am himmel wie gut er tut
komm nimm blumen und streue
sie in die schäumende flut

christus kommt um mitternacht

nimm uns mit in das große stürmen
heule heile reiss uns weg
um mitternacht werden wir türmen
der tisch ist schon gedeckt

in jeans und in sandalen
in den taschen kein einziger sou
du wirst wieder alles bezahlen
des kaisers bank ist längst zu

ob wir wachen oder schlafen
du erzählst nur vom vaterhaus
suchst nach verlorenen schafen
und streckst am berg die arme aus

gehst wie ein geist über tobendem meer
der wind aus gennar schlägt so rau
es sind keine brote und fische mehr
doch wartet schon die brunnenfrau

wem hältst du noch deine wangen hin
deinen mund deine hand deinen blick
es musste so kommen hat tiefsten sinn
sag schnell wann kommst du zurück

vaters todestag

schon etwas sonne auf den zweigen
die gräber sind ohne schnee
bevor sich die schatten neigen
möchte ich dir nicht verschweigen
ganz tief ist noch immer ein weh

noch immer liegst du der fremde
erloschen und aufgebahrt
mutter hält deine hände
dramatische klage vom ende
nah wie ihr niemals euch ward

die stille verbirgt tausend worte
der wind bläst die kerzen aus
in der ferne vertrauter orte
glühn die erloschenen dochte
vielleicht kommst du morgen nach haus

fastenzeit corona

du räumst die welt ab allmächtiger
eilst meuchelnd durch das land
wir fürchten deine marterhand
ihr griff ihr stich und kein bändiger

nimm deine atemmaske ab
zeig uns dein wahres gesicht
im koma erkennen wir dich nicht
vielleicht erst im offenen grab

doch dein gesicht ist unser gesicht
die narben zerbissen und tief
als gestern nacht eine stimme rief
warst du es oder warst du es nicht

doch deine zeit ist unsere zeit
wir spüren sie vierzig tage
die das herz zerreißende klage
dornen im roten königskleid

athos

von der nacht gestreift
vom mondlicht gebleicht
zum sterben gebettet
am morgen gerettet

meine letzte reise
im wald eine schneise
in gebirgige zonen
wo die heiligen wohnen

nur ein wort gute hände
frühes licht felsenstrände
gemäuer gärten so grün
die kirschbäume blühn

efraim dein knotenhaar
länger weißer als letztes jahr
doch augen voller helle
die ikonen in deiner zelle

epilepsie

herr attila kommt früh am abend
will nur den kopf lässt dir das herz
will weder stich noch blut noch schmerz
sein messer leuchtet himmelwärts
eiskalt und alles überragend

er lässt dir das leben wie eine hülle
wie im november treibendes laub
willst du schreien stellt er sich taub
mit lässiger hand giert er nach raub
mit haut und haaren nach fülle

seine hunnen zeigen blaue zungen
im kampfesspuk ein letzter blick
brechen sie grinsend dein genick
du bleibst am höllentor zurück
die agonie ist nicht gelungen

du sollst nicht sterben sondern warten
herr attila liebt den höflichen tod
vom morgen bis zum abendrot
treibt er das spiel mit deiner not
und schaufelt schon dein grab im garten

im abendwald

als wäre noch eine spur sonne
scheu sinkt schon ihr roter schein
tief ins unterholz hinein
die wälder glühn ich bin allein
wenn du kannst dann komme

lies der bäume schattenschrift
fast schon entblößt und ausgelebt
vom wind umarmt im rausch erbebt
wie heftig sie dich zu sich hebt
dein herz sucht und es trifft

still wie nur noch kirchen sind
naht die nacht in strengem glanz
sie will alles will uns ganz
ein lächeln noch vielleicht ein tanz
komm küss mich ganz geschwind

nachtgebet zum heiligen paulus

heraus aus den fängen die wende
du nahst in expeditionen
die herzen das blut zu belohnen
wir werden einander nicht schonen
über all die inseln kein ende

zeit mit dir aufzubrechen
zu den sternen auf milchigen flüssen
die madonnen zärtlich zu küssen
in alle himmelsregionen müssen
das verschlüsselte wort zu sprechen

dieser sommer ist christozentrisch
roter mohn überflutet die felder
es brennen die östlichen wälder
es lächeln die heiligen väter
die frühe naht nachtwandlerisch

in tre fontane bist du gestorben
das schwert das blut der leideslauf
dein kopf schlug dreimal heftig auf
alles nahmst du kühn in kauf
von schlägen und stürmen umworben

unter den bäumen

nur noch das glück
unter den bäumen
ein alter weg ein kleines stück
scheue frühe spätes säumen

erste knospen unberührte
der nacht entkommen endlich springen
den klopfenden herzen entführte
bilder im schatten singen

wollen nicht eilen nicht stören
der stille innere kreise
nur eine weile noch hören
wenn der wind sich hebt so leise

über das lichte grün im garten
sein säuseln im weiten land
lass mich bleiben noch etwas warten
und streifen deine hand

vor dem gewitter

herr hahn auf seinem abfallhügel
schlägt ganz heftig mit den flügeln
frau henne aus dem gleichgewicht
rüttelt sich und schüttelt sich

bevor der große regen kommt
herr kater sich noch etwas sonnt
diese nacht wars wieder spät
wie mietze mausi uns verrät

der nachbar pfeift sein mäher brummt
die erste biene emsig summt
vor lauter lust von blatt zu blatt
weil sie noch viele freunde hat

auch meine tauben lieben sich
hoch oben auf dem knöterich
dass donner grollt ist einerlei
sie sind so herrlich vogelfrei

café le petit blanc

erst nachts beginnst du zu leben
weit weg vom schleichenden tag
ein paar bier dann geräts du ins schweben
etwas schaum auf den lippen komm sag

woher schöpfst du das kühne trinken
den rausch und den heiligen suff
weißer schnaps schwabbt im steigen und sinken
danach stöhnst du ein dreifaches uff

sonntags spielen in brüssel und gammeln
die meister der dritten welt
nach dem django geht paolo sammeln
mit dem strohhut ein wenig geld

pianissimo singt magalie
die schwarze perle mit rastahaar
an der theke träumt monsieur henri
wie herrlich es damals im kongo war

bläulich die berge

wüstenzeit

schon naht das rudel der hyänen
das blaue blut auf ihren zungen
die tag ist wieder nicht gelungen
hört ihr sie hecheln hört sie klagen
diese nacht stellt feuerfragen

nimmst du uns mit
heilige berge zu besteigen
uns das gelobte land zu zeigen
wo milch und honig engel singen
wie gemsen über die felsen springen

bist du elias bist du moses
wir hungern sehr wir dürsten
komm halt uns fest wir stürzen
doch lädst du uns zu tisch
schenkst brot und wein und fisch

die engel von brüssel

sogar der winter gewährt freies geleit
unter der goldschrift der paläste
weht ein rauschender klang der feste
der fürsten aus burgundischer zeit

säufer und nonnen voll seligem schauen
des teufels deftige bauerntänze
sie kommen und gehen bis an die grenze
im milden blick der jungen frauen

ihr lächeln liegt dahin gestreckt
sie wurden wenn die glocken schlagen
wie verführte weggetragen
in ein samtenes versteck

wo janneke und die marien
in den kleinen nebenstraßen
den frommen monseigneur vergaßen
mal jubelten und mal schrien

im turm wechseln spanische wachen
im saal beginnt das nächtliche mahl
muscheln rotwild goldfasan
in niederen gassen trunkenes lachen

so geht es hier seit tausend jahren
kaiser kamen es rollten die köpfe
bier und blut in krüge und töpfe
auf hohen zinnen engelsscharen

byzantinische nacht

jede nacht
hinaus auf die see
zu den lichtern von patmos und kos
die augen der jungfrau strahlen groß
zwölf sterne über ihrem schoß
es fließen die sonne und der schnee

jede nacht
im gebirge warten
die stundengebete verrinnen
der mond streicht über die zinnen
wenn die väter tausendmal singen
sein schatten sei schon im garten

jede nacht
ist zögern und mühe
vielleicht öffnet bald die pforte
kerzen glühen am dornenorte
im heiligen buch leuchten worte
es ist soweit ewige frühe

jede nacht
trinkt den wein und brecht die brote
lasst die flamme nicht erlischen
schlaft nicht ein an euren tischen
schon reißen netze voll mit fischen
vor der küste nahen die boote

kloster chevetogne

wie oft schon die dörfer die bäume
blaue wälder am horizont
wie viel sehnsucht wie viele träume
der stille verborgene räume
wenn im westen der abend kommt

wie oft schon das heimliche zittern
ganz tief in die jugend zurück
die stürme der freiheit zu wittern
die früchte die süßen die bittern
vielleicht dämmert heute das glück

wie oft schon des herbstes leere
etwas sonne im buchenlaub
wenn um ostern ich wiederkehre
hebt sich des lebens schwere
die alte angst aus dem staub

zur nacht die langen gesänge
das wachen im spärlichen licht
dann bricht ein wort jede enge
nimmt der finsternis alle strenge
dem herz aus stein das gewicht

chilandar

brennst wie knisternder zunder
müde klosterstadt
sag wessen wahn oder wunder
dich abgefackelt hat

die wälder stehen wie zeugen
um deinen flammenthron
sich wild im wind verbeugen
wie glühender roter mohn

und die uralten singen
die letzte liturgie
lodernde psalmen ringen
schreie die david schrie

kein trost kein glück kein wohnen
noch eine kerze brennt
das gold schwarzer ikonen
wie tränen weg geschwemmt

feuer war hier stets leben
war herzschlag tag und nacht
im totenhaus erbeben
jahrtausende sich mit macht

die asche und die stille
sind der heiligen haus
im glanz ihr letzter wille
zieht weit aufs meer hinaus

unter dem kreuz in val-dieu

du bist der hängende
und steigende
der alles sprengende
und bleibende

du bist der findende
und lehrer
der verschwindende
und wiederkehrer

du bist im schweren der leichte
in dunkler nacht das licht
du bist der nahe unerreichte
komm zeig uns dein gesicht

ostia antica

schenk uns bevor der winter naht
noch etwas südliches licht
etwas zitternde zeit ein letztes bad
wenn die eilende welle bricht

lass den warmen wind vom meer
durch die zerbrochenen säulen gehen
die römischen nächte atmen schwer
hast du ihre sterne gesehen

reich uns noch ein dunkles glas wein
wir trinken es bis zum rausch
ich bin ganz dein und du bist mein
wir löschen die kerzen aus

sonntagsvesper im winter

kein trösten mehr kein schonen
dein abend verlangt nach beute
die in seinen fängen wohnen
sterben vielleicht noch heute

weshalb schlägst du so hart
wenn noch was winterlicht
von deiner gegenwart
in sanfteren farben spricht

weshalb lässt du mich nicht ziehen
fest im griff wie dein eigentum
hältst du die irre lust zu fliehen
nur dein trauerblick und bleibst stumm

ich mag nicht deinen hungerlohn
das für später versprochene glück
nimm deine münzen nimm sie schon
und gib mir mein herz zurück

wir haben uns immer gestritten
lass mich jetzt endlich gehn
genug gekämpft genug gelitten
eile schon wieso bleibst du stehn

zum tod von dimitri

es war nicht deine art so schnell zu gehen
du gingst bedächtig in gedanken leise
denn deine richtung ist das wiedersehen
im licht nach einer langen reise

deine himmelfahrt fand in der frühe statt
hinauf hinein wo griechische feste sind
es zitterte tau auf jedem blatt
rings um den brunnen spielte der wind

wir spüren du bist nur voraus gegangen
am strand von myrtos baust du uns ein haus
deine güte hält uns für immer zusammen
es blüht schon ein oleanderstrauch

wenn wir hinauf hinein zu dir fahren
und deine glühenden Augen sehen
werden wir dort sein wo wir immer waren
zuhause mit dir und alles verstehen

thomassonntag in baelen

als hätten die säulen eine leichte krümmung
es ist die schwere kraft der alten welt
die sie so drückt und doch zusammen hält
wie müde steine gegen die bedrohung

als hätte den heiligen der lange winterregen
die treuen augen ausgewischt
fällt licht hindurch so leuchten sie verwegen
weil österlich das festmahl aufgetischt

als hänge christus schwer im spitzen bogen
als fließe blut im ornament aus wein
die wunden sind noch immer für uns aufgehoben
der schmerzensmann bricht tür und fenster ein

als sei kein wort mehr nur noch erspüren
der wind hebt flüchtig sein gewand
den fuß die seite dürfen wir berühren
ein irrer kuss auf die durchbohrte hand

schneewinter

ich wohne jetzt ganz tief im wald
lass uns noch etwas zeit
immer am abend wenn es schneit
stehst du am zaun nur eine handbreit
und flüsterst ich komme bald

ich schreibe dir täglich einen brief
und verbrenne ihn wenn die nacht
mir keinen guten rat gebracht
was hab ich alles falsch gemacht
du warst ganz nah als ich noch schlief

lass mich noch einen winter warten
ein stapel brennholz steht im stall
die sterne leuchten überall
und grüßen dich im freien fall
wie damals im sommergarten

der strenge eiswind fegt übers land
er bleibt noch eine kleine weile
bevor ich wieder nach hause eile
die so lange gesuchte zeile
für dich in der zitternden hand

abend in wenduine

wer traut sich noch hinaus wenn
der sturm so spät uns hält denn
du ahnst es flüchte renn
da ich dich morgen nicht mehr erkenn

wer trinkt mit mir ein glas im stehen
komm lass dir in die augen sehen
weißt du noch die flut das flehen
dann kam die nacht du wolltest gehen

der flämische himmel hing so tief
der regen schlug als ich noch schlief
dir ins gesicht als ich dich rief
am boden lag dein letzter brief

kenosis

du hast mir alles genommen
es ist noch nicht genug
ich bin bei dir angekommen
und bleibe spät zu besuch

es halten mich blutige arme
ich fliege und bin frei
nimm mich mit und erbarme
dich über den letzten schrei

endlich beginnen die fahrten
hinaus auf das brechende eis
am anderen ufer warten
die chöre der engel ganz leis

messe am winterabend

nur noch einige treue
doch was sind schon zahlen
die jahrtausende mahlen
franziskus bringt in sandalen
milde singend das neue

noch immer die alten worte
doch was sollen schnelle zeilen
die nicht im herz verweilen
nur weiter wollen und eilen
in die lust der leichteren orte

alles glut reste von flammen
der freund der nahe der tote
die harte kruste der brote
der wein der rubisrote
sie führen uns wieder zusammen

er lässt uns nicht mehr alleine
ist schweigend hindurch gegangen
geschlagen geschunden gehangen
sein blick sein liebesverlangen
holt uns zurück ins reine

bläulich die berge

meister tod hat weiße hände und ein
schwarzes kleid
er eilt und klagt doch keiner hört ihn
wenn er schreit

der vater gräbt das grab im
tiefen schnee
der alte winter dreht sich um und
grinst adieu

die mutter starrt hinaus sie weint
und wacht
schreibt lange briefe ohne antwort
in der nacht

morgen ist die abschiedsmesse für
das tote kind
es spielt und singt so leise wo
die engel sind

im letzten dorf ganz oben ist noch
leichenschmaus
die kalten berge stehen bläulich um das
leere haus

tod ist immer heimkehr alle gehen still
und bang
ein licht glimmt in der ferne
lebenslang

am grab von heinrich heine

komm zeig uns wo schöne élise
auf montmartre dein dichter ruht
schreibt er auf einer himmelswiese
wie gut der kelch mit wein ihm tut

verrät er uns was soll es bedeuten
küsst er noch immer goldenes haar
wenn die abendglocken läuten
am drachenfels und in kevelaer

sein wintermärchen ist nicht zu ende
seine bettengruft vom wind verweht
er winkt noch mal mit leichten händen
bevor es zurück zu den engeln geht

ferner freund

ich weiß dass ich dir nicht fehle
drum bin ich so oft allein
du bist eine untreue seele
doch man kann dir böse nicht sein

wir haben uns nie gestritten
es sei denn das ding mit dem weib
sind in stürmische kriege geritten
auf eseln doch immer zu zweit

selbst wenn wir uns wieder fehlen
wird uns der tag nicht zu lang
und sogar bei den armen seelen
ist mir um dich nicht bang

weine doch nicht doch weine
denn alles hat seine zeit
ich gehe du gingst nur das eine
guter alter die liebe bleibt

INHALT

1. Auflage 2020

www.udo-degener-verlag.de

Gestaltung und Umschlag: U. Degener
Titelbild: © 123rf.com - booblgum
ISBN: 978-3-95497-963-9

Autorkontakt: freddy.derwahl@skynet.be